Beuth-Pocket

Konferenz-Englisch

Konferenz-Englisch

Jetzt diesen Titel zusätzlich als E-Book downloaden und 70 % sparen!

Als Käufer dieses Buchtitels haben Sie Anspruch auf ein besonderes Kombi-Angebot: Sie können den Titel zusätzlich zum Ihnen vorliegenden gedruckten Exemplar für nur 30 % des Normalpreises als E-Book beziehen.

Der BESONDERE VORTEIL: Im E-Book recherchieren Sie in Sekundenschnelle die gewünschten Themen und Textpassagen. Denn die E-Book-Variante ist mit einer komfortablen Volltextsuche ausgestattet!

Deshalb: Zögern Sie nicht. Laden Sie sich am besten gleich Ihre persönliche E-Book-Ausgabe dieses Titels herunter.

In 3 einfachen Schritten zum E-Book:

❶ Rufen Sie die Website **www.beuth.de/e-book** auf.

❷ Geben Sie hier Ihren persönlichen, nur einmal verwendbaren E-Book-Code ein:

291756A63B9858A

❸ Klicken Sie das „Download-Feld" an und gehen dann weiter zum Warenkorb. Führen Sie den normalen Bestellprozess aus.

Hinweis: Der E-Book-Code wurde individuell für Sie als Erwerber dieses Buches erzeugt und darf nicht an Dritte weitergegeben werden. Mit Zurückziehung dieses Buches wird auch der damit verbundene E-Book-Code für den Download ungültig.

Holger Mühlbauer

Beuth-Pocket
Konferenz-Englisch

Stichwörter und Wendungen für englischsprachige Sitzungen

3., erweiterte und durchgesehene Auflage 2019

Herausgeber:
DIN Deutsches Institut für Normung e. V.

Beuth Verlag GmbH · Berlin · Wien · Zürich

Herausgeber: DIN Deutsches Institut für Normung e. V.

© 2019 Beuth Verlag GmbH
Berlin · Wien · Zürich
Saatwinkler Damm 42/43
13627 Berlin

Telefon: +49 30 2601-0
Telefax: +49 30 2601-1260
Internet: www.beuth.de
E-Mail: kundenservice@beuth.de

Titelbild: © Setta Sornnoi, Benutzung unter Lizenz von shutterstock.com
Satz: B & B Fachübersetzergesellschaft mbH, Berlin
Druck: Medienhaus Plump GmbH, Rheinbreitbach
Gedruckt auf säurefreiem, alterungsbeständigem Papier nach DIN EN ISO 9706

ISBN 978-3-410-29175-6
ISBN (E-Book) 978-3-410-29176-3

Inhalt

Einleitung

Der überwiegende Teil der vom Deutschen Institut für Normung e.V. betreuten Normungsvorhaben ist inzwischen auf europäischer bzw. internationaler Ebene angesiedelt. Auf den Sitzungen der entsprechenden Normungsgremien, im Ländergrenzen überschreitenden fachlichen Kontakt und im Schriftwechsel hat sich Englisch als Arbeitssprache durchgesetzt.

Das vorliegende Glossar versteht sich als Handreichung für den Gebrauch auf Sitzungen und bei Gesprächen am Rande von Zusammenkünften. Insofern kann es selbstverständlich nur eine Ergänzung schon vorhandener Sprachkenntnisse sein. Die Auswahl des Vokabulars und der Redewendungen orientierte sich an den Erfahrungen von ehren- und hauptamtlich in der internationalen Normungsarbeit Tätigen. Auf jegliche fachliche Ausrichtung wurde verzichtet.

Im Hinblick auf eine spätere Aktualisierung sind Hinweise und Vorschläge für noch aufzunehmende Wendungen dringend erbeten.

Für den inhaltlichen Beitrag und die redaktionelle Zusammenarbeit gilt dem DIN-Sprachendienst, namentlich Herrn Wolfgang Hagemann, Frau Susan Midgley und Frau Gwendolyn Rosengren aufrichtiger Dank.

Dr. Holger Mühlbauer
März 2019

Vokabular

Abänderung	modification, amendment
Abänderungsantrag	proposed amendment, motion for an amendment
abbrechen (Debatte)	end (to), discontinue (to) (a debate)
Abdruck	reproduction
abfassen (Bericht)	drafting (of brief minutes, report)
abgedruckt, auch a. in	also printed in
abgegebene Stimmen	votes cast
Abkürzung	abbreviation
Abkürzung (aus Anfangsbuchstaben)	acronym
ablaufen (Frist)	expire (to)
ablehnen (Angebot, Vorschlag)	decline (to) (an offer, a proposal)
ablehnen (Antrag)	reject (to) (a motion)
Abmaße	limit deviations
Abmessung	dimension
abnehmen (an Zahl)	decrease (to)
Abnehmer	purchaser, buyer
absagen (Sitzung)	cancel (to) (a meeting)
Absatz (Text)	paragraph
Abschnitt (Text)	clause; section
absichtlich	intentional, deliberate
Absprache	consultation
abstimmende Mitglieder	members voting
Abstimmung	vote
Abstimmung durch Erheben der Hand	vote by show of hands
Abstimmung, geheime	vote by secret ballot
Abstimmung, offene	vote by open ballot
Abstimmungsergebnis	result of vote
abstrakt	abstract
abweichende Meinung	dissenting opinion
Abweichungen	deviations
allgemeine Grundsätze	general principles
allgemeine Regeln	general rules
Allgemeines	general (information)
andernfalls	otherwise
Änderung	amendment, modification, alteration, change
Änderungsvermerk	notice of amendment
Anforderung	requirement
Anforderungen entsprechen	meet (to) (or satisfy, comply with) requirements

Anfrage	enquiry, request
Anführungszeichen	quotation marks
Angabe (z. B. von Maßen)	indication of (dimensions)
Angebot	quotation
angemessen	appropriate, adequate, suitable, reasonable
Anhang	annex (ISO), appendix (BS)
Anhänge bei A-Abweichungen	annexes on A-deviations
ankommen	arrive (to)
Anlage (i. Brief)	enclosure, attachment
Anlaufschwierigkeiten	initial difficulties
Anleitung	guide, guideline
Anliegen	concern, matter, request
Anmerkung	note
Anmerkungen im Text	notes integrated into the text
Anmerkungen zu Tabellen und Bildern	notes to tables and figures
annähern	approach (to)
Annahme (Abnahme)	acceptance
Annahme (Vermutung)	assumption
annehmen (Dokument)	adopt (to)
annehmen (vermuten)	assume (to), presume (to)
Anordnung (Text)	layout
Anrede	address, salutation
Ansatz (gedanklich)	approach
ansprechen	address (to)
Ansprechpartner	person to turn to
anteilmäßig verteilen	distribute (to) (or divide (to) up) equally
Antrag	motion, suggestion
Antrag einbringen, stellen	table (to) (or bring (to) in (US), bring (to) forward, forward (to)) a motion
Antrag, auf A. von	at the request of
Antragskommission	applications commission
Antragsteller	proposer, applicant, mover
Antrittsrede	inaugural speech, maiden speech (Parl.)
Anwalt	attorney, solicitor, lawyer
Anwendbarkeit	applicability, use
Anwendung	usage, use
Anwendungsbereich	field of application, scope
anwesend	present
Anwesende	those present
Ausschreibung	invitation to tender, bid (US)
Anwesenheit	attendance
Anwesenheitsliste	attendance list

Anwesenheitsliste herumgehen lassen	circulate (to) an attendance list
Anzahl der Seiten	number of pages
anzeigen	indicate (to)
anzeigen, benachrichtigen	notify (to)
Arbeitsblatt	work sheet
Arbeitsgruppe	working group
Arbeitsprogramm	programme of work, work programme
Arbeitssprache	working language
aufdrängen	impose (to) on sb.
Auffassung vertreten	maintain (or hold) (to) a point of view, be (to) of the opinion
Aufgliederung	breakdown, itemization
Aufnahme (Zulassung)	admission, admittance
aufnehmen in (Text)	include (to)
aufrechterhalten	maintain (to)
aufschieben	postpone (to)
aufstellen (z. B. Verzeichnis, Tagesordnung)	draw (to) up (a list, the agenda)
Auftraggeber	client, purchaser
Auftragnehmer	contractor
Auftragsbestätigung	order confirmation
Aufwand	expenditure
Aufwendungen, außerordentliche	extraordinary expenses
Aufzählung	list
Ausdrucksform	style, expression
Ausfertigung, in doppelter A.	in duplicate
in dreifacher A.	in triplicate
ausführen (Aufgabe)	carry out (to), perform (to)
Ausführung (eines Erzeugnisses)	design, construction, finish (je nach Kontext)
Ausgabedatum	date of publication (or issue)
Ausgaben, laufende	current expenses
Ausgangssprache	source language
auslassen	omit (to)
Ausnahme (von der Regel)	exception (to the rule)
Ausnahme, mit A. von	except for
Ausnutzung	utilization
ausrüsten	equip (to) with, outfit (to), provide (to) with
ausschlaggebende Stimme	casting vote
Aussehen	appearance, finish
Aussichten, trübe	a gloomy outlook (or gloomy prospects or bad times ahead)
aussichtsreich	promising

ausstatten	equip (to) with, outfit (to), provide (to) with
ausstehend (z. B. Bezahlung)	outstanding
Auswahl	choice, selection
auswendig lernen	memorize (to)
auswirken, sich a. auf	have (to) an impact (or effect) on, affect (to)
Auswirkung	effect, impact, bearing
außerhalb	out of, outside
authentisch	genuine, authentic
Autor	author
baldmöglichst	as soon as possible
beachten	take (to) into account, consider (to), pay (to) attention to, give (to) (due) consideration to, observe (to)
beachtlich	considerable
bearbeiten (Antrag)	deal (to) with, handle (to)
Bearbeitungszeit	processing time
Bedenken	objections
Bedenkzeit gewähren	grant (to) time for reflection, give (to) time to consider
Bedeutung (begrifflich)	meaning
Bedeutung (Wichtigkeit)	significance
Bedingung	condition, prerequisite
Bedürfnisse	(wants and) needs
beenden (einer Sitzung)	terminate (to), end (or close) (to) (a meeting)
beenden (fertigstellen)	finalize (to), complete (to)
befestigen	attach (to), fasten (to), fix (to), tie (to)
befürworten	support (to), back (to)
begleiten	accompany (to)
Begriff	concept
Behandlung (eines Themas)	treatment (of a matter, subject)
behaupten	claim (to), assert (to), allege (to)
Behauptung	claim, assertion
beifügen	enclose (to), attach (to)
Beispiel	example
Beitrag (Leistung)	contribution
Belästigung	inconvenience
Belegschaft	staff
beleidigend	insulting
Bemerkungen	notes (schriftl), remarks (meist mdl)
Benennung	term
Benennungen (eines Fachgebiets)	nomenclature

Benennungsblock	description block
Benummerung	numbering
Beobachter	observer
beratende Funktion	advisory capacity
beratende Stimme	advisory (or consultative) vote
Beratungsunterlage	discussion paper, document for discussion
berechtigen	entitle (to)
bereit sein zu	be (to) prepared (or ready) to
bereitwillig (adv)	readily
Bericht	report, minutes (of the meeting)
Bericht, endgültiger B.	final report
Berichterstatter	rapporteur (US: recorder)
Berichtigung	correction; corrigendum
Berichtszeitraum	period under review
berücksichtigen	take (to) into account, consider (to), pay (to) attention to, give (to) consideration to, observe (to)
berühren (fig)	affect (to)
beschaffen	provide (to); obtain (to)
Beschaffungswesen, öffentliches	public procurement
Beschilderung	signposting
Beschluss	decision, resolution
Beschluss fassen	pass (to) a resolution, make (to) a decision
Beschlussfähigkeit (ist erreicht)	(a) quorum (is reached)
Beschränkung	constraint, restriction
Beschreibung	description
besondere nationale Bedingung	special national condition
bestehen auf	insist on (or that)
Bestellangaben	order(ing) details, order information
Beteiligung (an einer Sitzung)	attendance (at a meeting), participation
betonen	emphasize (to), stress (to), underline (to), make (to) a point
Betracht, in B. ziehen	take (to) into account, consider (to), pay (to) attention to, give (to) consideration to, observe (to)
beträchtlich	considerable
betreffend	relating to, pertaining to

Betreuer	guide, person dealing with (a matter)
Betreuungsdolmetscher	guide interpreter
Beurteilung	assessment
bevorstehend	forthcoming, upcoming
beweisen	prove (to)
bewerten	assess (to), evaluate (to), validate (to)
bewerten, neu b.	reappraise (to)
bewundern	admire (to)
Bewunderung	admiration
bewusst, sich b. sein	be (to) aware of
Bezeichnung	designation
Bezeichnungssystem	designation system
beziehen, sich b. auf	refer (to) to
Bezug, in b. auf	relating to, with reference to
Bezugnahme	reference
Bezugsdokument	reference document
bibliographische Verweisung	bibliographic reference
Bild	illustration; figure (i. einer Norm)
Binnenmarkt	internal market (EU), domestic market
Bruttoverdienst	gross earnings, wage, salary
Bummelstreik	go-slow (UK), slowdown strike (US)
Chefdolmetscher	chief (or head) interpreter
darüber hinaus	beyond (this), in addition
das heißt	i.e.
Datenbank	database
Definition	definition
Datum der Ankündigung	date of announcement
Datum der Ratifizierung	date of ratification
Datum der Veröffentlichung	date of publication
Datum der Zurückziehung	date of withdrawal
Delegationsleiter	head (leader) of delegation
Delegierter	delegate
dementsprechend	accordingly
demgegenüber	on the other hand
Deskriptor (Suchbegriff)	descriptor
deutlich	noticeable, distinct, marked
Dienstgebrauch, nur für den D.	for official use only
Diskussion, heftige	a bitter argument
Diskussion, lebhafte	lively (or heated, animated) discussion
Diskussionsbeitrag	contribution to discussion

Diskussionsredner	speaker (in the discussion)
diversifizieren	diversify (to)
Dokument	document
Dokumentation	documentation
Dokumentennummer	document number
Dokumentstatus (z. B. Norm, Vorlage)	status
Dolmetscher	interpreter
Doppelfamilienhaus	two-family house, duplex house (US)
Doppelhaushälfte	semi-detached house
durchführen	carry (to) out, perform (to), conduct (to)
Durchführung (b. Prüfverfahren)	procedure
Durchwahl (Telefonapparat)	extension
EG-Richtlinie	EC Directive
Ehrenpräsident	honorary president
ermahnen (ausdrücklich bitten)	urge (to)
eilbedürftige Angelegenheit	a rush job
einarbeiten (z. B. von Änderungen)	incorporate (to) amendments (into main body of document)
Einfuhrbeschränkung	import restriction
einreichen (z. B. Vorschlag)	submit (to) (a proposal)
einberufen (Konferenz)	convoke (to), convene (to) (a meeting)
eindeutig	clear, unambiguous
Einfamilienhaus	detached house
Einführung	introduction, preface
Einheit (phys)	unit
Einigung, grundsätzliche	fundamental agreement
Einladung, formlose/schriftliche	informal/written invitation
Einleitung	introduction, preface
einrichten (einsetzen)	set (to) up, establish (to)
Einrückung	indent(ation)
einschließen (fig)	comprise (to), include (to)
einschränken	impose (to) restrictions on, cut back (to)
einseitig	unilateral
Einspruchsfrist	deadline for objections
einstimmig	unanimous
einstufen	classify (to), class (to)
einteilen	classify (to)
Einteilung	classification
eintreten (in Verhandlungen)	enter (to) (into talks)
Einwand	objection

einwilligen	consent (to)
Einwilligung	consent
Einzelhandel	retail trade
elektronische Dienste	electronic services
Empfang	reception
Empfänger	recipient
Empfangskomitee	welcoming committee
Empfehlung	recommendation
Endprodukt	finished product
entgegenstehende nationale Norm	conflicting national standard
enthalten (Material, Information)	contain (to)
enthalten, sich der Stimme e.	abstain (to) (from voting)
entnommen	taken from
entschädigen	compensate (to), indemnify (to)
Entschädigung	compensation, reimbursement
entsprechen (übereinstimmen mit)	conform (to) to
entsprechend (adj)	corresponding
entsprechend (präp)	in conformity with, in accordance with
Enttäuschung	disappointment
Entwurf	draft
Erbringung (einer Dienstleistung)	(service) delivery
erfordern	necessitate (to), require (to)
erfreulich	pleasant, agreeable
erfüllen (Anforderungen, Bedingungen)	fulfil (UK) (to), fulfill (US) (to), meet (to), satisfy (to), comply (to) with
ergänzt durch	supplemented by
Ergänzung	supplement
Ergebnis anfechten	challenge (to) a result
ergreifen (Gelegenheit)	take (to) (the opportunity)
erhöhen	increase (to), raise (to) (level)
Erklärung zur Kenntnis nehmen	take (to) note of a statement, put (to) a statement on record
Erläuterungen	explanatory notes
erleichtern	facilitate (to)
erleichtert (sein)	be relieved (to)
Erleichterung	relief
ermächtigt	authorized
Ermessensspielraum	scope of discretion, discretionary power
Eröffnungsrede	opening address
Eröffnungssitzung	opening session
erreichen	achieve (to)

Ersatz für	supersedes ...
Ersatzdelegierter	substitute delegate
Ersatzlösung	alternative
Ersatzteil	spare part, replacement part
ersetzt durch	superseded by, replaced by, substituted for
ersichtlich	evident, obvious
Ersparnisse	savings
Erstattung	reimbursement, refund(ing)
erstrebenswert	desirable, to be aimed at
ersuchen	apply for
erteilen (Lizenz)	grant (to) (a licence)
erwünscht	desirable, required
Erzeuger	producer, manufacturer
Essensmarke	luncheon voucher (or coupon)
Etikett	label, tag (Anhänger)
Exklusivrechte	exclusive rights
Faden, den F. verlieren	lose (to) one's thread (or lose (to) one's train of thought)
fähig	capable
fallenlassen	drop (to)
Fassung (sprachl.)	version
federführend	responsible; ... in charge
Feierabend machen	call (to) it a day
Fertigprodukt	finished product
Festlegung	specification, provision
flüchtig (nicht sorgfältig)	sloppy
Flüsterdolmetschen	whispered interpretation
Folie (Vortrag)	transparency
Formulierung	wording
Fortbestand	continued existence
Fortsetzung	continuation
Freiberufler	freelancer
freigeben (Publikation)	release (to)
Frist	deadline, time limit
fruchtbar (z. B. Diskussion)	successful, productive
Funktions(weise)	performance
Fußleiste der Titelseite	foot of title page
Fußnote	footnote
Garantieerklärung	(written) guarantee
geändert durch ... am	as amended by ... on
Gebrauchseigenschaften	performance
geeignet	suitable
Gefahr	danger, hazard
Gefährdung	hazard
gefährlich	dangerous, hazardous

gegeben, es für g. ansehen	take (to) for granted
gegenseitig	mutual
Gegenseitigkeit	reciprocity
Gegenstimmen (Abstimmung)	votes against
Gegenstimmen (Einwände)	objections
Gegenvorschlag	counterproposal
gegenwärtig	currently, at present
geheime Absprache	secret agreement
Geltungsbereich, regionaler	regional validity
gemäß	according to
Genehmigung	approval, permission
Generalversammlung	general assembly
genormt	standardized
genormter Gegenstand	standardized item
Gerätesicherheitsgesetz	(German) Equipment Safety Act
gerichtliche Schritte unternehmen gegen	take (to) take legal action against
Gesamtbudget	overall budget
Geschäftsbereich (einer Firma)	division
Geschäftsgang	working procedure
Geschäftsleitung	board of management
Geschäftsordnung	rules of procedure, standing rules, internal regulations (CEN)
Geschäftsstelle	office, secretariat
Gesetzeslücke	legal loophole
Gestaltung (Text)	layout, presentation
gleichbedeutend	equivalent
Gliederung (Text)	arrangement (of text)
glücklicherweise	fortunately
GmbH	Ltd., limited liability company
graphisches Symbol	graphical symbol
Größen, Einheiten und Symbole	quantities, units and symbols
Großhandel	whosesale trade
Großhändler	wholesaler
größtenteils	mainly, chiefly, predominantly
gründen (Ausschuss)	set (to) up, establish; found (to)
Grundsätze der Normungsarbeit	principles of standardization
Grundsatzerklärung	policy statement
grundsätzliche Einigung	fundamental agreement
Gutachten	expert opinion
haftbar	liable
Haftung	liability
Hammelsprung (parl.)	vote by division
Hand, aus erster H.	straight from the horse's mouth

Handelsname	trade name
Handlungsspielraum	freedom of action
Harmonierungsdokument	Harmonization Document
hartnäckig	persistent (in) ...ing
Hauptabschnitt	section
Hauptelement	main element
Hauptfeld (Deckblatt v. Normen)	central box
Hauptfeld der Titelseite	central box of title page
Hauptreferat	keynote speech, main report
herabsetzen (Wert)	lower (to), reduce (to)
herannahen	approach (to)
Herausgeber	issuing body
Hersteller	manufacturer, producer
Hilfsverb	auxiliary verb
höchstens	not exceeding ..., not higher/ greater than ..., at most
Homogenität	homogeneity
Hörsprechgarnitur	headset
identisch mit	identical with
Index (b. Formelzeichen)	subscript
infolge	owing to, due to
informativ	informative
Inhalt	content(s)
Inhaltsverzeichnis	(table of) contents
insgesamt	altogether
Instandhaltung	maintenance
irreführend	misleading, confusing
Ja-Stimme	affirmative vote
jemanden begleiten	to join (somebody)
jeweils	respectively (nachgestellt)
Kampfabstimmung	neck-and-neck vote, close vote
Kandidat	candidate, nominee
Kaufvertrag	contract of sale
knausern	be (to) stingy with money, skimp (to) with money
Kapazität, ungenutzte	idle (or spare) capacity
Kapitel	chapter
Käufer	purchaser, buyer
Kennzeichnung	marking (allg), labelling (Etikett, Schild)
Klammern	parantheses (rund), brackets (eckig)
klar (offenbar)	evident, obvious
Klärung erreichen	clarify (to) a matter

Kompromisslösung	compromise
Konferenzausrichter	(conference) organizer
Konferenzteilnehmer	participant
Können (fachl)	proficiency
Konsekutivübersetzung	consecutive interpretation
Konsumgesellschaft	consumer society
Kopfhörer	earphone, headphone
Kraft, in K. treten	come (to) into force, take (to) effect
kritischer Punkt	crucial (or critical) point
kümmern, sich k. um	attend (to) to
Kündbarkeit	liability to notice
Kurzreferat (schriftl)	abstract
Kurztitel	short title
Kurzzeichen	symbol
langfristig	long-term
Lebensdauer	(service) life (of a product)
Leitfaden	guide, guideline, instructions
Leitgedanke	basic idea (or theme), keynote
Leitlinie	guide, guideline, instructions
Lenkungsausschuss	steering committee
Lieferer	supplier
Lieferschein	delivery note
Lieferverzug	delay in delivery
Lust auf etwas haben	to fancy (something)
Mangel, aus M. an	for lack of
Marathonsitzung	jumbo meeting (or marathon meeting)
Marktsegmentierung	market segmentation
Maß	dimension
Mehrheit, erforderliche	requisite majority
Mehrheit, mit 2/3 M.	by (a) two-thirds vote
Meinung äußern	express (to) an opinion
Meinung, abweichende	dissenting opinion
Merkmal	characteristic, feature
Minderheit	minority
mindestens	at least, not less than, … minimum
Mitarbeiter/in	staff (member)
Mitautor; Mitträger (Normen)	co-author
Mitglied, ordentliches	full (or ordinary) member
mitwirken	contribute (to), collaborate (to)
Modalitäten	terms of agreement, arrangements
mühsam	tiresome, tough

nach (gemäß)(einer Norm)	in accordance with, as specified in, as described in, in compliance with, conforming to
nachfolgen	succeed (to)
Nachfolger	successor
Nachlässigkeit	negligence
Nachmittagssitzung	afternoon session
Nachtrag	addendum
Nein-Stimme	negative vote
Neuwahl	re-election
No-name-Produkt	generic product (or no-name product)
Norm-Vorlage	draft proposal
normatives Element	normative element
normative Verweisung	normative reference
normativer Anhang	normative annex
Normbezeichnung	standard designation
notwendig machen	necessitate (to), require (to)
Nummernverzeichnis	numerical index
Nutzung	utilization, use
Nutzungsdauer	(service) life (of a product)
oberflächlich	superficial
obligatorisch	mandatory, obligatory
Obmann	chairman, chairwoman, chairperson, convenor
Offenlegung	disclosure (of information)
ordnen, neu o. (Text)	rearrange (to), restructure (to), reorganize (to) (a text)
ordnungsgemäß	properly, duly
Originalsprache	original language
passend	proper, suitable, adequate, appropriate
Patent angemeldet	patent pending
Patentklassifikation	patent classification
Pauschalbetrag	lump sum, flat rate
Planung	planning, design
Plenartagung	plenary meeting (or session)
Podium, zum P. gehen	take (or mount) (to) the podium
Podiumsgespräch	panel discussion
praktisch (adv)	virtually (nicht: practically)
Präsidium	Gremium: executive board (allg), Executive Council (ISO), Administrative Board (CEN); auf Sitzung: presidency, chairmanship

Praxis, in die P. umsetzen	put (to) into practice
Präzedenzfall	precedent
Preisgruppe	price group
Primärquelle (f. Veröffentlichung)	published in ...
Probe	specimen, test piece, sample, laboratory sample, test portion (je nach Kontext)
Probenahme	sampling
Produkthaftung	product liability
Programm	program(me), schedule
Protokoll, im P. vermerken	record (to) in the minutes
Prüfer	inspector (Überwachung), person responsible for testing (Prüfstelle)
Prüfverfahren	test method
Publikation	publication
Qualitätssicherung	quality assurance, quality control
Quelle, direkt von der Q.	straight from the horse's mouth
Querverweis	cross reference
Rahmenabkommen	skeleton agreement
Rechenschaftsbericht	general report, statement of activities
rechenschaftspflichtig, jmd. gegenüber r. sein für	be (to) accountable to sb. for sth.
rechtfertigen	justify (to)
Rechtsanspruch	legal claim
rechtsfähiger Verein	registered association, society
Rechtsform	legal form
Rechtsgutachten	legal opinion
Rechtsirrtum	legal error, judicial error
Rechtslage	legal position
Rechtsstreit	legal action
Redaktionskomitee	editing committee
Rede, eine R. halten	deliver (to) a speech
Redner	speaker
Rednerliste	list of speakers
Rednertribüne	podium, rostrum
Referat	speech, paper, report
Register	index
Reisekosten	travel expenses
Rentabilität	profitability
Resolution verabschieden	pass (to) a resolution

Risiko	risk
Rückfrage	query, request for more information
rückläufig	declining (ökon)
Rücktrittsrecht	right to rescind (or cancel) a contract
Rundschreiben	circular
Rundversuch	round robin (or interlaboratory) test
Sachfragen	factual issues
Sachgruppe	subject area
sachlich	objective
Satzung	statutes
Schadenersatzforderung	claim for damages
Schadensanzeige	notification of damage
Schadstoff	contaminant, pollutant, harmful substance
Schätzung, grobe	rough estimate
Scheitern (v. Gesprächen)	breakdown
Schild (z. B. Typschild)	nameplate
Schluderei	sloppy work, slapdash work (coll.)
schludrig	slapdash, slipshod
Schlusswort	closing speech
Schreibbüro	secretarial (or word processing) services
Schreibfehler	typographical mistake
Schreibweise	spelling
Schreibweise mathematischer Formeln	setting of mathematical symbols
Schriftart	font, style of lettering
schrittweise	in stages, step by step
Schwäche	weakness
Schwangerschaftsurlaub	maternity leave
Seitenbenummerung	page numbering
selbständig	self-employed
selbstregulierend	self-adjusting
Sicherheit	safety, security
Sicherheitsvorkehrung	precaution, safety measure
sicherstellen	ensure (to)
Simultandolmetschen	simultaneous interpretation
sinngemäß	by analogy, on the lines of
Sitz und Stimme	seat and vote
Sitzordnung	seating order, seating plan
Sitzung	meeting, session
Sitzung leiten	be (to) in the chair
Sitzung schließen	close (to) a meeting

Sitzung vertagen, eine	adjourn a meeting
Sitzungsbericht	records, (brief) minutes
Sitzungsbericht/-protokoll	minutes
Sitzungsleitung übernehmen	take (to) the chair
Sitzungssaal	conference room
sofern	as long as, provided that
Sonderfall	special case, exception
sozusagen	as it were, that is to say
später	subsequently
Spiegelgremium	mirror committee, national committee
Spitzengespräch	top-level talks
Sprachen, andere als die offiziellen S.	languages other than official languages
Sprachenabteilung, Sprachendienst	language services, language department
Sprachregelung	accepted terminology
ständiger Ausschuss	standing committee
Standpunkt	view, position, standpoint
statistisches Verfahren	statistical method
Statutenänderung	alteration of rules, changes in the rules
Statutenkommission	rules commission
steigern	increase (to)
Stellungnahme	comment(s)
Stellvertreter	deputy, substitute
Stichwahl	run-off vote, second ballot, final ballot
Stichwortverzeichnis, alphabetisches	alphabetical index
Stiftung (Inst)	foundation
Stillstand	stoppage
Stimmabgabe, briefliche	vote by correspondence (UK), vote by mail, absentee vote/ballot
stimmberechtigt	entitled to vote, with a right to vote
Stimmberechtigte(r)	person (member) entitled to vote
Stimmberechtigung	the right to vote
Stimme, ausschlaggebende	casting vote
Stimme, mit beratender S.	in an advisory capacity, as a consultant
Stimmen, abgegebene	votes cast
Stimmen, mit 100 gegen 10 S.	by 100 votes to 10
Stimmenthaltung	abstention
Stimmzettel	voting paper
stoßen auf	come (to) across

Suchbegriff	descriptor, key word
Symbol	symbol
Synonym	synonym
synoptische Darstellung	synoptic table
systematisieren	systematize (to)
tabellarisch (dargestellt)	tabular, (given) in tables
tabellarisch darstellen	tabulate (to), present (to) in a table
Tabelle	table
tagen	have (to) a meeting; be (to) in session
Tagesordnung	agenda
Tagesordnung, auf die T. setzen	place (to) on (or include (to) in) the agenda
Tagesordnung, endgültige	final agenda
Tagesordnung, vorläufige	provisional agenda
Tagesordnungspunkt	item on the agenda
Tagungsmappe	conference file
Tagungsort	venue
Tätigkeitsbericht	report of activities
tatsächlich	in fact, actually
Technische Spezifikation	Technical Specification
technische Zeichnung	engineering (or technical) drawing
Teil (einer Normenreihe)	Part (of a standard)
Teilnahme (Sitzung)	attendance, participation (at)
teilweise	partially, in part
Termin	target date, deadline
Termin, der letzte (späteste) T. zur Einreichung von	the latest date (deadline) for submission of
Terminologie	terminology
Terminologienorm	terminology standard
Titel	title
Titel, abgekürzt	abbreviated title
Titel, deutscher	German title
Titel, Elemente des T.s	elements of the title
Titel, englischer	English title
Titel, französischer	French title
Titelseite	title page
Toleranz	tolerance
Toleranzen und Passungen	limits and fits
Träger (Norm)	author
Traktandenliste (CH)	s. Tagesordnung, vorläufige
Transparenz	transparency
Trinkgeld	tip
Typschild	nameplate

übelnehmen	resent (to)
übereinstimmen mit	agree (to), comply (to) with, conform (to)
Übereinstimmung, in Ü. mit	in agreement with, in conformity with
Übergangsperiode	period of transition, transitional period (or period of grace)
übergeordnet	superior
überladen (fig)	overburden (to)
Überlegung	consideration
übermäßig	excessive
übermitteln (Nachricht)	pass (to) on (information, news)
Übernahme (Annahme einer Norm)	adoption
Übernahme (Umsetzung von Gesetz)	implementation
Übernahme eines Dokuments (z. B. ISO-Norm als EN)	endorsement (of a document)
überschreiten	exceed (to)
Überschrift	heading
Übersetzer	translator
Übersetzung	translation
Übersetzungsabteilung	translation department
Übersetzungsbüro	translation company, t. agency, t. bureau (US)
übersichtlich angeordnet	clearly arranged, clearly set out
übertreiben	exaggerate (to)
überwiegend	s. größtenteils
überzeugen	convince (to), persuade (to)
überzeugend	convincing, persuasive
umfassen	comprise (to), include (to)
Umfrage durchführen	make (to) (or carry out) an enquiry (or a survey)
umschreiben (fig)	paraphrase (to), circumscribe (to)
umstritten	controversial
Umweltbedingungen	environmental conditions
Umweltfragen	environmental issues
unanfechtbar	incontestable
unehrlich	dishonest
unerledigt (z. B. Tagesordnung)	unfinished (business)
unersetzlich	irreplaceable
unfreiwillig	involuntary
ungeeignet	unsuitable, inadequate
ungerechtfertigt	unjustified
Unterabschnitt	subclause
Unterausschuss	subcommittee
unterbreiten (einen Vorschlag)	submit (to) (a proposal)

Unternehmen	company, enterprise, business
unternehmen	undertake (to)
Unternehmensziele	business objectives
unterscheiden (refl)	differ (to)
unterscheiden (tr)	distinguish (to)
Unterscheidungsmerkmale	distinguishing marks, distinctive features
unterschlagen (Information)	hold (to) back, suppress (to) (information)
unterschreiten	be (to) lower (or smaller, or less) than
unterstützen	support (to), back (to), second (to) (einen Antrag)
Unterteilung (z. B. Text)	(sub)division
unverändert	as it stands, without alteration
unverfälscht	genuine, authentic
unvermeidbar	unavoidable, inevitable
veranschaulichen	illustrate (to)
verblüfft sein	be (to) astonished (or to be bewildered; eher neg.)
Verantwortungsbereich	area of responsibility
Verbindlichkeit	liability, obligation
Verbraucherschutz	consumer protection
Vergeltungsmaßnahme	reprisal
verhaspeln, sich	stammer (to)
Verfahren, beschleunigtes	accelerated procedure
Verfahrensordnung	rules of procedure
verfälschen (Ergebnisse)	falsify (to) (results), give (to) (erroneous results)
verfolgen (Angelegenheit)	attend (to) (to a matter)
verfügbar	available
Vergabe	award
Vergütung	remuneration; refund(ing)
Verhältniswahl	election by proportional representation
verhandeln	negotiate
Verhandlung führen	conduct (to) negotiations
Verkehrssitte	common usage
Verkörperung	embodiment
Verleger	publisher
verlegt von	published by
verleihen (Preis)	award (to) (a prize)
verleihen (Titel)	confer (to) on
vermindern	decrease (to)
Vermögensschaden	damage to property
vermuten	presume (to)
Vermutung	presumption

vernachlässigen	neglect (to), ignore (to)
verneinen	deny (to), answer (to) in the negative, say (to) no to
Verpackung	packaging; package
Verpflichtungen, gesetzliche	legal obligations
Versandtermin	date of dispatch
versäumen zu erwähnen	fail (or neglect) (to) to mention
verschieben (vertagen)	postpone (to)
verschwinden	disappear (to)
versehentlich	inadvertently, unintentionally
verständlich	understandable
vertagen	postpone (to)
verteilen	circulate (to), distribute (to)
Vertrauen erwecken	inspire (to) confidence
Vertreter	representative
vertrieben von (Literatur)	distributed by
Verwaltungsapparat	administrative machinery, administrative set-up
Verwaltungskosten	administrative costs
verweisen auf	refer (to) to
Verweisung	s. Bezugnahme
verwendbar	employable, usable
Verzeichnis	list
Verzeichnis, alphabetisches	alphabetical index
Verzeichnis, numerisches	s. Nummernverzeichnis
verzichten auf	dispense (to) with, forgo (to), do (to) without
vielversprechend	promising
Visitenkarte	visiting card (UK), business card (US)
völlig	entirely, fully, completely
Vollsitzung	plenary meeting (or session)
von außen auferlegte Beschränkung	external constraint
vor allem	above all
vorantreiben (Verfahren)	speed (to) up (a procedure)
Vorauskasse	pay in advance
voraussetzen	assume (to), take (to) for granted
Vorbehalt	reservation, proviso (leg.)
Vorbereitungskomitee	preparatory committee
Vorentwurf	first draft, draft proposal
vorläufig	provisional
vorläufige Tagesordnung	provisional agenda
vorlegen (z. B. Änderungsantrag)	propose (to) (an amendment)
Vormittagssitzung	morning session
Vornorm	preliminary standard, Pre-standard (CEN)

vorrätig	available, in stock
Vorsitz	presidency, chairmanship, chair
– führen	– take (or occupy) (to) the chair
– haben	– take (to) the chair
– übernehmen	– be (to) in the chair
Vorsitz, wechselnder	rotating chairmanship
Vorsitzender	chairman (Mister or Madam)
Vorteil	advantage, benefit
Vorvertrag	preliminary agreement
Vorwort	foreword, preface
Vorwurf	reproach, charge
Vorzugszahlen	preferred numbers
Wahl, strittige	disputed vote
wählbar	eligible, qualified to be elected
wahlberechtigt	entitled to vote
Wahlliste	list of candidates
Wartung	maintenance, servicing
wechselseitig	mutual
wegen	owing to, given ...
weiße Ware	household appliances
weitgehend	largely
Wettbewerbsbeschränkung	restraints on trade
widerrechtlich	unlawful, illegal
Wiederbeschaffungswert	replacement value
Wiederwahl	re-election
Wirkung auf	effect (or bearing, impact) on
Wort, das W. erhalten	be (to) given the floor
Wortmeldung	request for permission to speak
Wortprotokoll	verbatim report
Wunschdenken	wishful thinking
zahlbar sofort nach Erhalt	payable upon receipt
Zahlungsverzug	delay in payment
Zeichnung	drawing
Zeitplan	timetable, schedule
ziehen, nach sich z.	entail (to), involve (to)
Zielsprache	target language
Zitat	reference, quotation
zitiertes Dokument	document referred to
zu (entgegen)	towards
zufällig finden	come (to) across
zugegebenermaßen	admittedly
Zugeständnis zurücknehmen	withdraw (to) a concession
zulässig	permissible, allowable
Zurückziehungsdatum	date of withdrawal

zusammenarbeiten	collaborate (to)
zusammenbrechen	collapse (to), breakdown (to)
zusammenfassen	summarize (to)
Zusammenfassung	summary
Zusammenhang (innerer) von Normen	coherence (besser: consistency) of standards
Zusatz	addendum
Zusatzfrage	follow-up question
Zusatzleistung (neben Gehalt)	fringe benefit
Zuständigkeit	responsibility, competence
zuteilen	allocate (to), assign (to)
zuverlässig	reliable, dependable
Zuverlässigkeit	reliability
Zweck	objective, scope (Normen)
Zweifel, ohne Z.	doubtless
Zwischenbericht	interim report

Redewendungen

Allgemeines

(Im Bus) Einmal Flughafen bitte	One ticket to the airport, please
Ich danke Ihnen dafür, dass Sie mir über die Schwierigkeiten hinweggeholfen haben	Thank you very much for helping me get over these difficulties
Keiner unserer Mitarbeiter ist momentan zu erreichen	None of our team/staff are available at present
Bitte bestätigen Sie schriftlich	Please confirm in writing
Bitte grüßen Sie Herrn A. von mir	Please give my regards to Mr. A
Bitte noch einmal faxen	Please send the fax again
Bitte schreiben Sie alles auf meine Rechnung	Please charge everything to my account
Danke, aber es ist wirklich nicht nötig, dass Sie...	Thank you, but there is really no need to ((Verb))
Darf ich Sie an ... erinnern?	May I remind you of (or that) ...?
Darf ich Sie nach Hause bringen?	May I see you home? May I give you a ride home?
Das ist sehr freundlich von Ihnen	That is most kind of you
Das könnte sofort verschickt werden	This could be dispatched immediately
Das sind sehr preisgünstige Ferien	This is a very inexpensive vacation
Bitte sehr, gern geschehen	My pleasure
Das Wetter scheint unbeständig	The weather seems variable
Das wird unsere Marktposition erheblich schwächen	This will weaken our market position considerably

Wir wollen den Wünschen von ... entsprechen	We'll meet the needs of ...
Der Währungskurs ist sehr gut/ schlecht	The exchange rate is very good (or favourable)/poor (or unfavourable)
Die besten Wünsche zur Genesung	Best wishes for a speedy recovery (or Get well soon)
Unsere Zusammenarbeit war äußerst erfolgreich	Our cooperation has proven to be highly successful
Die Preise sind freibleibend	The prices are subject to change
Einen Moment bitte, ich verbinde	Please hold the line for a moment, I'll put you through
Er kommt sofort	He will be along shortly
Er setzt sich aus gesundheitlichen Gründen zur Ruhe	He is retiring because of ill (or poor) health
Es lenkt mich vom Lesen ab	It distracts me from reading
Es tut mir wirklich leid	I'm really sorry about that
Wir freuen uns, mitteilen zu können, dass	We are pleased to announce that
Für welche Zwecke brauchen Sie es?	What do you need this for?
Gibt es etwas, was Sie besonders interessiert?	Is there anything you are particularly interested in?
Gibt es Möglichkeiten das Essen einzunehmen?	Are meals provided (or Where do (or shall) we eat)?
Gibt es wirklich keine schnellere Alternative?	Is there really no faster/better alternative?
Haben Sie Ihre Wahl getroffen?	Have you made your choice?
Wir haben unsere Technologie auf den neuesten Stand gebracht	We have brought our technology up to date
Herrliches Wetter, nicht wahr?	Nice weather, isn't it?
Ich bin froh, dass alles gut gegangen ist	I am glad everything has gone well
Ich bin ganz erschrocken über den Gedanken, dass	I'm worried (or concerned) that
Ich bin sehr beunruhigt wegen	I feel very uneasy about
Ich bin sicher, dass Sie eingestellt werden	I'm sure you'll get the job
Ich fahre morgen nach Berlin	I'm leaving for Berlin tomorrow
Ich glaube, dass wir es besser persönlich besprechen sollten	I think this is better discussed face to face (or we should discuss this in person)
Ich glaube, wir sollten uns treffen	I think we should meet

Ich gratuliere Ihnen zum Geburtstag	Many happy returns of the day (formal)! Happy birthday! Congratulations on your birthday!
Ich habe eine Bitte	I have a request to make
Ich habe mich noch nicht ganz entschlossen	I haven't quite made up my mind
Ich habe nichts dagegen	I don't mind ...ing
Ich habe versprochen ... anzurufen	I promised to ring up (or call) ...
Ich hoffe, es geht Ihnen gut	I hope you're keeping (or doing) well
Ich hoffe, Ihr Freund kann uns Gesellschaft leisten	I hope your friend can join us
Ich lege Wert darauf, dass	I am most anxious to .../It seems to me very important that
Ich möchte diese unangenehme Arbeit nicht aufschieben	I don't want to put off this unpleasant work
Ich möchte diesen Brief abschicken	I'd like to send this letter off
Ich möchte einen Tag frei nehmen	I'd like to take a day off
Ich möchte Geld abheben	I'd like to draw out (or to withdraw) some money
Ich möchte in meiner Arbeit nicht zurückbleiben	I don't want to fall behind in my work
Ich möchte nicht, dass/Ich habe nicht die Absicht zu	It is not my intention to
Ich möchte nicht bei ihm ins Fettnäpfchen treten	I don't want to put my foot right in it with him
Er benimmt sich wie ein Elefant im Porzellanladen	He's like a bull in a china shop
Ich muss dieses Rezept in die Apotheke bringen	I have to take this prescription to a (dispensing) chemist (US: pharmacy)
Ich schätze das sehr/Ich bin Ihnen sehr dankbar	I do appreciate it
Ich stecke bis zum Hals in Arbeit	I'm up to my head (or neck) in work
Ich war sehr krank, doch jetzt geht es mir besser	I was very ill, but I'm a lot better now
Ich werde dafür sorgen, dass	I will make sure that (or I will see to it that)
In Erwartung Ihres Angebots	Looking forward to receiving your offer, I
Wir können Ihnen jetzt einen umfassenderen Service anbieten	We are now in a position to offer a more comprehensive service

Können Sie mir helfen, einen Scheck auszustellen?	Can you help me to make out a cheque?
Könnten Sie dafür sorgen, dass die Rechnung abgeändert wird?	Could you make sure that the invoice is changed?
Könnten Sie mich bitte mit Mr. A verbinden?	Could you put me through to Mr. A, please?
Könnten Sie mich bitte mit dem Geschäftsführer verbinden?	Could you please put me through to the managing director?
Ich kümmere mich sofort darum	I will see to it straight away
Bitte entschuldigen Sie die Verzögerung	Please excuse the delay
Lassen Sie bitte meine Koffer ins Taxi bringen	Have my cases put into the taxi, please
Leider bleibt uns nichts anderes übrig, als	Unfortunately we have no other choice but to
Machen Sie sich viel Arbeit mit ihrem Garten?	Do you do much gardening?
Mein Verdacht hat sich bestätigt	My suspicions have been confirmed
Mein Wecker geht ziemlich genau	My alarm clock keeps time very well
Meine Uhr geht ungefähr 10 Minuten nach	My watch is about ten minutes slow
Er hat gerade Mittagspause	He's at lunch
Mittags habe ich eine Pause, um mein Mittagessen einzunehmen	I take a break for lunch at noon (UK), I break at noon for lunch (US)
Ich möchte mich nach meinem Mantel erkundigen. Hat er sich angefunden?	I'd like to inquire about my coat. Has it turned up?
Ich möchte mich um diese Stellung bewerben, wenn sie noch zu haben ist	I'd like to apply for this position if it's still open
Herr A. musste fort(gehen)	Mr. A has been called away
Müssen Sie nicht Überstunden machen?	Don't you have to work overtime?
Ich muss zuerst überprüfen, ob wir dieses Angebot annehmen können	I will have to check first whether we can accept this
Die Qualität des Materials entspricht nicht Ihrem üblichen Standard	The quality of this material is not up to your usual standard
Schulbesuch bis zum 16. Lebensjahr ist Pflicht	Attendance at school is compulsory until 16
Sehr erfreut, Sie kennenzulernen	Pleased (or nice) to meet you

Er erklärt sich für zuständig (nicht zuständig)	He declares himself to be responsible (not responsible)
Sie erhalten bezahlten Urlaub	They get paid vacation (or leave)
Sie haben mich in eine sehr unangenehme Lage gebracht	You've put me in a very embarrassing position
Sie müssen mich in ... besuchen	You must look me up (or visit me) when your are in ...
Sind Sie krank geschrieben?	Are you on sick leave?
Trotz des Weckers schlafe ich weiter	In spite of the alarm clock I sleep on; I usually sleep through the alarm (US)
Tut mir leid, wir sind heute abend voll belegt	I'm afraid, we are full (or booked up) tonight
Alle Zimmer sind vergeben	Every room is taken
Verabreden wir uns für nächste Woche	Let's make an appointment for next week
Von welchem Bahnsteig fährt der Zug?	What platform does the train leave from?
Wann geht das Flugzeug nach Berlin?	What time does the flight to Berlin leave?
Wann kommt es an?	What time does it arrive?
Was habe ich zu zahlen?	How much is the bill?
Was werden wir heute zum Abendessen essen?	What are we going to have for dinner today?
Welche Schule besuchen Sie?	What school do you attend (or go to)?
Wie ist der Arbeitsschutz bei Ihnen organisiert?	What is your approach to occupational safety?
Wie ist es mit der Unterkunft?	How about accommodation?
Wie teuer ist die Hin- und Rückfahrt?	How much is the return fare?
Wieviel verlangen Sie für dieses möblierte Zimmer?	How much do you ask for (or How much is) this furnished room?
Wir haben die Rechnung schon letzte Woche bezahlt	We actually paid the invoice last week
Wir haben es überprüfen lassen	We have had it checked
Wir können den Schadenersatzanspruch geltend machen	We can hand in the claim (for damages)
Wir müssten eine Vereinbarung aufsetzen	We would have to draw up an agreement
Wir sind wegen der Messe nächste Woche völlig ausgebucht	We are fully booked due to the exhibition starting next week
Wir sollten das Ziel nicht aus den Augen verlieren	We should not lose sight of our goal

Wir werden dies per Fax bestätigen	We will confirm this by fax
Wo soll ich Sie absetzen?	Where shall I drop you off?
Wollen Sie sich unserer Tour anschließen?	Would you like to join us on our tour?
Würden Sie mir bitte Ihre Visitenkarte geben?	Would you please leave your business card?
Würden Sie sich bitte dieser Sache annehmen?	Would you mind attending to that matter?
ein einfach zu erreichendes Ziel ansteuern	to pick the low-hanging fruit
Setze nicht alles auf eine Karte	Don't put all one's eggs in a basket

Auf Sitzungen und Konferenzen

Die Konferenz/Sitzung ist hiermit eröffnet	The conference/meeting (or session) is opened.
Ich bitte die Konferenzteilnehmer, ihre Plätze einzunehmen	Please, sit down (or Take your seats, please)
Die Diskussion ist eröffnet	The discussion is open
Die Sitzung ist unterbrochen	The meeting is now adjourned
Ich erkläre die Konferenz hiermit für beendet	I declare the conference closed
Brainstormen nach kreativen und originellen Ideen	blue sky thinking

Tagesordnung

Kommen wir nun zur Tagesordnung	Let us now proceed to the agenda
Wie werden diesen Punkt in die Tagesordnung aufnehmen	We'll include this item in the agenda
Wir beantragen, auf der Tagesordnung	We suggest that the order of the items
die Reihenfolge der Punkte wie folgt zu ändern	on the agenda be changed as follows
Wir möchte diesen Punkt von der Tagesordnung streichen lassen	We'd like this item to be removed from the agenda
Wir schlagen vor, dass die Tagesordnung geändert wird	We suggest that alterations be made to the agenda
Die Tagesordnung ist angenommen	The agenda has been adopted
Der Ausschuss ist beschlussfähig	There is a quorum of the committee
Darf ich die Anwesenheitsliste herumgehen lassen?	May I circulate an attendance list?

Diskussion

Wir treten nun in die Aussprache ein	Let us now take up the discussion
Sie haben das Wort	You have the floor
Das Wort hat Herr/Frau ...	I call upon Mr/Ms....
Es liegen keine Wortmeldungen mehr vor	There are no more names on the list of speakers
Ich bitte um das Wort	I ask to speak (or I'd like to ask for the floor)
Ich entziehe Ihnen das Wort	Please discontinue your speech
Ich fordere Sie auf, zur Sache zu sprechen	Please keep to the point
Ich bitte die Redner, sich kurz zu fassen	I'd like to invite speakers to be brief
Ich schließe jetzt die Rednerliste	I now close the list of speakers
Zur Geschäftsordnung!	I'd like to raise a point of order/ Order, order! (parl)
Ich möchte dagegen Einspruch erheben	I'd like to raise an objection
Ich habe mich verhaspelt	I've lost track of what I wanted to say
einen Streit beilegen	settle a dispute
Sie sind dran.	it‘s your turn
Eigentlich nicht.	not really
für alle Fälle	just in case
Es kommt darauf an.	it depends
aus meiner Sicht	in my view
Ich hätte nichts dagegen.	I wouldn‘t mind
Ich habe es mir anders überlegt.	I‘ve changed my mind.
Sie können sich darauf verlassen	You can rely on it.
Das bezweifle ich.	I doubt it.
Hören Sie nicht hin.	Don‘t pay any attention.
Kommen Sie zur Sache!	Come to the point.
Es erhebt sich kein Widerspruch	No objection has been raised
Es bestehen keine Bedenken dagegen, dass ...	There are no objections against ...
Es steht einwandfrei fest, dass	It has been established that
Findet mein Vorschlag Ihre Zustimmung?	Does my suggestion meet with your approval?
Ich bin ganz Ihrer Meinung	I quite agree with you

Ich habe ausdrücklich gesagt, dass	I specifically said that
Ich möchte hier einige Einwände vorbringen	I'd like to raise some objections
Ich ziehe meine Bemerkung zurück	I withdraw (or take back) what I said
Ich bitte, dies in das Protokoll aufzunehmen	I'd like this to be placed on record (or ... be put in the minutes)
Mein verehrter Vorredner	My distinguished colleague
Wir glauben, dass	We feel that
Wenn Sie mir erlauben, fortzufahren	If I may be allowed to continue
Wir müssen wirklich darauf bestehen, dass ...	We really must insist that ...
Das hieße Eulen nach Athen zu tragen	That's like carrying coals to Newcastle
Unsere gesamte Arbeit ist für die Katz	We did all our work for nothing/ That was a complete waste of time
Wir sind nicht weiter als am Anfang	What we gained on the roundabout, we lost on the swings
Wir sollten aus einer Mücke keinen Elefanten machen	We should not make a mountain out of a molehill
Viele Wege führen nach Rom	There is more than one way to skin a cat
Zusammenfassend kann gesagt werden	To sum it up it can be said
das eigentliche Problem einer Debatte, das niemand nennen möchte	the elephant in the room

Antrag

Wir unterstützen den Antrag Frankreichs	We second (or support) the motion/proposal of the French delegation
Wir können uns diesem Antrag nicht anschließen	We oppose this proposal
Der Antrag ist hiermit abgelehnt	The motion has been rejected
Dieser Antrag kann nur durch geheime Abstimmung entschieden werden	This motion can only be decided by secret ballot

Annahme/Ablehnung/Abstimmung

Ich lasse jetzt über diese Frage abstimmen	I'd like to put this to the vote
Wir stimmen jetzt ab	We now proceed to a vote
Ist jemand dagegen?	Are there any objections?
Wer dafür/dagegen ist, den bitte ich um das Handzeichen	All those in favour/against, please raise your hands
Ich stelle jetzt den Antrag zur Abstimmung	I will now put the motion to the vote
Der Vorschlag wurde einstimmig angenommen	The motion was carried unanimously
Das Ergebnis der Abstimmung wurde bestätigt	The result of the vote (or ballot) was confirmed

Sonstiges

Können Sie Erfrischungen für uns organisieren?	Could you provide us with refreshments?
Wir wollen nun das Arbeitsprogramm festlegen	Let us now draw up the work programme
Das Ergebnis ist endgültig	The result is final (or definitive)
Der Ausschuss wird eingeladen, seine nächste Sitzung in ... abzuhalten	The committee is invited to hold its next meeting at/in ...
Die Unterlagen müssen dem Sekretariat spätestens am ((Datum)) zugestellt werden (in den Händen der Delegation sein)	Documents are to reach the Secretariat (be available to delegations) by ((Datum))
Wir müssen die Texte in Übereinstimmung bringen	We must make sure that texts are equivalent
Können Sie die Verteilung der Dokumente sicherstellen?	Would you please ensure documents are distributed?
Die Vorschriften besagen, dass ...	The regulations stipulate (or specify) that ...
Wir müssen versuchen, eine Klärung zu erreichen	We must seek clarification (or We must try to clarify the matter)
Es freut mich, unseren Gastreferenten vorzustellen zu können	I have the pleasure in introducing our guest speaker (or It gives me great pleasure to introduce ...)
Können wir ein Treffen vereinbaren?	Can we arrange a meeting?

Der Ausschuss wird von Zeit zu Zeit zusammenkommen	The committee will meet occasionally
Wir werden die Frage auf unserer nächsten Sitzung behandeln	We shall raise the question at our next meeting (or session)
formelle Veranstaltung, die elegante Abendgarderobe verlangt	black tie event
mit minimalem Budget	an a shoestring
eine irreführende Information	red herring
gut organisiert sein	to get one's duck in a row

Anhang 1

Normative Formulierungen in Normen

Requirement		**Anforderung**
shall		**muss**
	is to is required to it is required that has to only ... is permitted it is necessary	ist zu ist erforderlich es ist erforderlich, dass hat zu lediglich ... zulässig es ist notwendig
shall not	is not allowed [permitted] [acceptable] [permissible] is required to be not is required that ... be not is not to be	es ist nicht zulässig [erlaubt] [gestattet] es ist unzulässig es ist nicht zu ... es hat nicht zu ...

Recommendation		**Empfehlung**
should		**sollte**
	it is recommended that ought to	es wird empfohlen, dass es ist in der Regel ...
should not	it is not recommended that ought not to	es wird nicht empfohlen es sollte vermieden werden

Permission		**Zulässigkeit**
may		**darf**
	is permitted is allowed is permissible	ist zugelassen ist zulässig ... auch ...
need not	it is not required that no ... is required	ist nicht erforderlich keine ... nötig

Possibility		Möglichkeit
can		**kann**
	be able to there is a possibility of it is possible to	vermag es ist möglich, dass lässt sich ... ; in der Lage (sein) zu ...
cannot	be unable to there is no possibility of it is not possible to	vermag nicht es ist nicht möglich, dass ... lässt sich nicht ...

Anhang 2

Wichtige Fachbegriffe in der Reihenfolge des Normungsverfahrens

Normungsantrag	New Work Item proposal
Technisches Komitee (TC)	Technical Committee (TC)
TC-Vorsitzender	TC Chairman
TC-Delegierter	TC Delegate
Abstimmung	voting, ballot
Abstimmungsfrist	voting period
Abstimmung auf dem Schriftweg	voting by correspondence
Zustimmung, zustimmen	Approval, approve (positive vote)
Ablehnung, ablehnen	Disapproval, disapprove (negative vote)
Enthaltung, enthalten	Abstention, abstain
nationales Spiegelgremium	national mirror committee
Arbeitsgruppe	Working Group (WG)
Arbeitsgruppen-Vorsitzender	Convenor
nationaler Experte (in einer Arbeitsgruppe)	national expert, WG expert
Norm-Entwurf	draft standard
Umfrage zum Entwurf	Enquiry
Kommentar	comment
Einspruch	objection
Einspruchssitzung	comments resolution meeting
technischer, fachlicher Kommentar	technical comment
redaktioneller Kommentar	editorial comment
Schlussentwurf	Final Draft Standard
Schlussabstimmung (CEN: „Formelle Abstimmung“)	Voting (CEN: “Formal Vote”)
Annahme, annehmen	Approval, approve
Veröffentlichung	publication

Anhang 3

Creation of an European Standard (simplified)

European Committee for Standardization

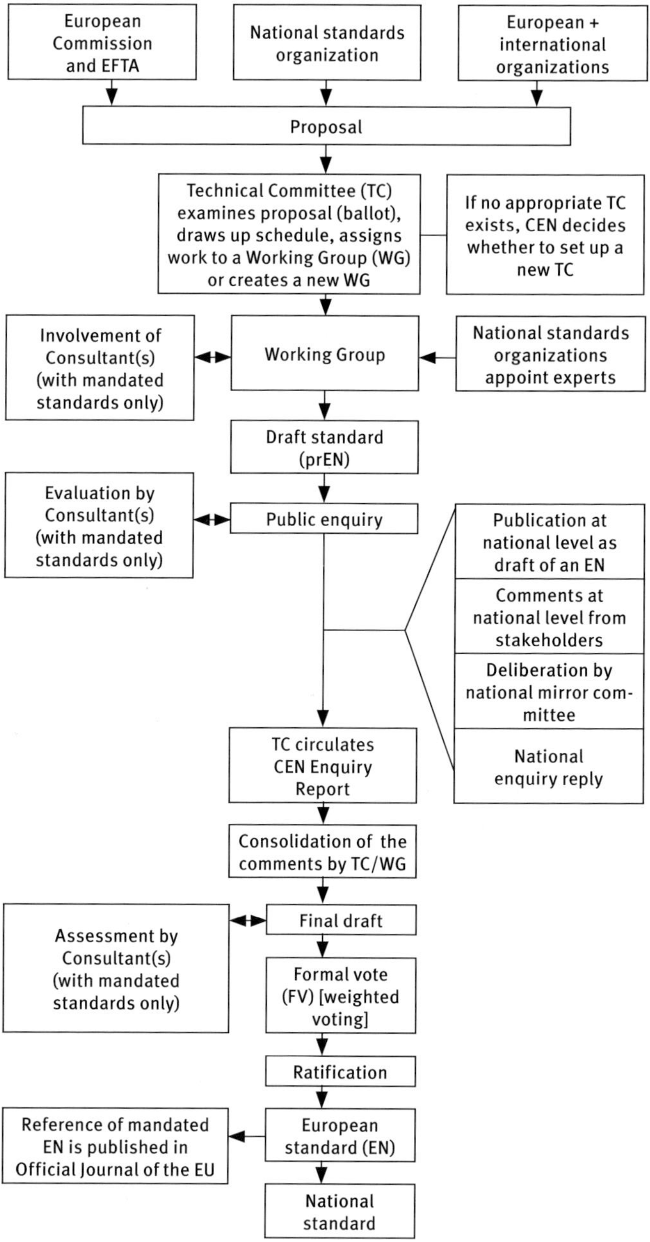

European Commission and EFTA → Proposal

National standards organization → Proposal

European + international organizations → Proposal

Proposal → Technical Committee (TC) examines proposal (ballot), draws up schedule, assigns work to a Working Group (WG) or creates a new WG

If no appropriate TC exists, CEN decides whether to set up a new TC

Technical Committee → Working Group

Involvement of Consultant(s) (with mandated standards only) ↔ Working Group

National standards organizations appoint experts → Working Group

Working Group → Draft standard (prEN)

Draft standard (prEN) → Public enquiry

Evaluation by Consultant(s) (with mandated standards only) ↔ Public enquiry

Public enquiry:
- Publication at national level as draft of an EN
- Comments at national level from stakeholders
- Deliberation by national mirror committee
- National enquiry reply

Public enquiry → TC circulates CEN Enquiry Report

TC circulates CEN Enquiry Report → Consolidation of the comments by TC/WG

Consolidation of the comments by TC/WG → Final draft

Assessment by Consultant(s) (with mandated standards only) ↔ Final draft

Final draft → Formal vote (FV) [weighted voting]

Formal vote → Ratification

Ratification → European standard (EN)

European standard (EN) → Reference of mandated EN is published in Official Journal of the EU

European standard (EN) → National standard

Anhang 4

Creation of an International Standard (simplified)

International Organization for Standardization

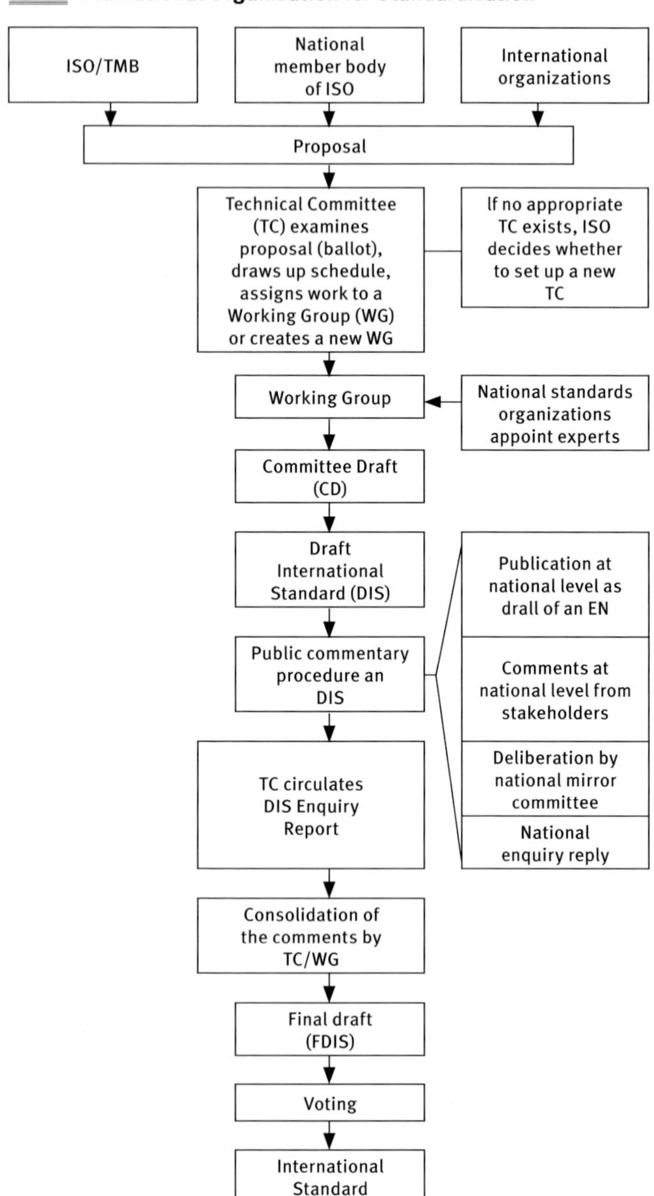

Notizen